Bárbara

Cultivando la mujer interior

Cultivando la mujer interior
Copyright © 2024 Bárbara

Primera edición
Creaciones Reflejos LLC
ISBN: 9798396866881
Prohibida la reproducción total o parcial, por cualquier medio, sin autorización por escrito de la autora.

Edición: Creaciones Reflejos LLC
Hecho en Puerto Rico
787-667-2924
San Juan, Puert Rico
reflejos2020gueits@gmail.com

*"Explora, cuida y ama tu cuerpo.
Cultiva tu energía interior."*

Presentado a:

_____

Por:

_____

Fecha:

_____

Compromiso

Posiblemente a lo largo de tu vida hayas realizado compromisos con personas como tu pareja, hijos, etc. De igual manera nos comprometemos a realizar funciones, tareas y a cumplir pagos o leyes establecidas. Hoy te invito a que hagas un compromiso con alguien sumamente especial: ¡Tú misma! Te invito a que te comprometas a cuidar y darle valor a la mujer que habita en tu interior. Te invito a que medites y busques la paz que sobrepasa nuestro entendimiento y que es posible recibir en Dios. El proceso que hayas pasado pudo haber sido fuerte, absurdo, doloroso, cruel e injusto, pero no logró cancelar ni tu presente, ni tu futuro. Dios puede y quiere darte una nueva oportunidad para que avances hacia tu propósito como una mujer valiosa, amada y resiliente. Te invito a que hagas este compromiso justo donde te encuentras hoy.

Yo, _____ me comprometo conmigo misma, hoy _____, a cultivar la mujer interior que habita en mi. Me comprometo a dedicarme tiempo, cuidar mi corazón y mantenerme enfocada en mi identidad en Dios. Creceré en Dios y para Dios cada día de mi vida.

DEDICATORIA

*E*ste libro está dedicado a todos aquellos que tienen el deseo de creer y el valor de detenerse a mirar hacia adentro, para liberarse de obstáculos y descubrir nuevas herramientas para elevarse a una vida abundante.

AGRADECIMIENTOS

Como maestra me emociono cuando veo uno de mis estudiantes alcanzar una meta. Me siento parte del logro, sin que mi nombre sea mencionado. Dios puso muchos ángeles en mi camino para cuidarme, ayudarme y orar por mí. Si usted es uno de ellos, gracias por abonar a mi crecimiento. Este libro es el primero de muchos y cada uno será su logro también. No deje de sembrar en otros.

Agradezco a mi esposo por amarme y apoyarme en este tiempo de cambio y crecimiento; a mis hijos por amarme y mantenerse cerca, aun siendo adultos.

Agradezco a mi familia por su apoyo y oraciones; a mis amigos su compañía y sus consejos.

Agradezco a la pastora Waleska Méndez por guiarme a este nuevo comienzo y a la Prof. María del C. *'Camencita'* Gueits por ayudarme a hacerlo realidad.

Agradezco a Dios que me haya salvado la vida más de una vez. Le agradezco que bendiga mi familia con gracia y plenitud. Le agradezco que me guíe y acompañe mientras sigo cultivando mi mujer interior.

ENDOSO ESPECIAL

El nombre '*Bárbara*' tiene un significado profundo en la Biblia. Simboliza la universalidad del mensaje de Dios y su amor por toda la humanidad. Nos invita a superar las divisiones y a reconocer el valor intrínseco de todas las personas. Es en esta esencia que Bárbara de la Cruz escribe este maravilloso libro. La autora es una mujer que inspira a ver a Dios a través del arte y del servicio. Es una danzora radical e inusual. La he visto seguirle el rastro a Dios apasionadamente y vivir una transformación indiscutible. No hace alarde de su talento pues vive ocupada poniéndolo al alcance de otros.

En este libro lograrás leer su testimonio, pero también recibirás un diseño impresionante de como superar tus más grandes conflictos. Ella nos recuerda que la fe no tiene fronteras y su mensaje va para todos.

Pst. Waleska Méndez

Prólogo

Cuando me comprometí con Bárbara para apoyarla en este hermoso proyecto, tenía la certeza de que el contenido era edificante y lleno de vivencias reales que impactarían mi vida y la de todos aquellos que leerán estas líneas. Dos factores importantes me convencían de esto. Primero, sabía que en mi entorno había alguien que tenía una historia que contar. Dios en muchas ocasiones nos pone una idea en el corazón, pero nos toca a nosotros buscar el recipiente que la contiene con 'ese algo de Dios' para impactar y transformar vidas. Segundo, el proyecto de Bárbara fue endosado desde mucho antes que se hiciera tinta su primera letra por una gran mujer de Dios. Ella, la Pastora Waleska Méndez, tiene un discernimiento privilegiado para identificar propósitos de Dios en lo más recóndito del interior de las mujeres que pastorea. Lo sé, porque soy testigo y producto de ese don maravilloso que Dios le otorgó.

Tengo que admitir que a pesar de lo que acabo de compartirles la historia de Bárbara me ha impactado demasiado. Más que su pasado o sus tristes vivencias en la niñez, me impacta su presente. ¿Por qué? Porque solo cuando ella decide testificar conocemos los procesos fuertes que pasó. Usted no verá en Bárbara a una mujer rencorosa, amargada, indecisa, marcada por una niñez de muchas lágrimas, y con baja autoestima. Usted verá a una mujer segura de sí misma, danzando y adorando a Dios de una manera tan especial, que al igual que yo notará la diferencia entre otras mujeres, desde que la ve danzar por primera vez.

El libro que sostienes en tu mano te llevará a conocer a una mujer que pudo haberse rendido, pero decidió creerle a Dios y activar el poder de su fortaleza. En las páginas que leerás a continuación no encontrarás líneas ficticias o el guión de una novela, sino el testimonio de una mujer digna de admiración que superó los obstáculos que encontró en su camino y hoy abre su corazón para bendecir y decirle a otros que si ella pudo, usted también puede.

Bárbara no solo fue una niña que batalló contra el alcoholismo que le privó de las risas y una infancia llena de hermosos recuerdos, sino que más adelante se enfrentó a un enemigo mayor: el cáncer de seno.

Cultivando la mujer interior es más que un libro, una guía para compartirles vivencias, meditaciones y estrategias usadas por su autora, para que a pesar de todo usted siga adelante, entendiendo que todo obra para bien en aquellos que aman a Dios. Usted decide si el pasado cancela su próposito en esta tierra o construye en usted a una mujer guerrera como la que hoy comparte con usted parte de sus vivencias.

En Bárbara puedo ver características de personajes importantes en la Biblia como lo son José, Ana, Deborah, Ester, Rut y hasta el mismo Jesús. De su interior nace el arte y lo expresa al danzar, dibujar, testificar y apoyar a otras mujeres.

Te invito a que busques un lugar tranquilo, donde conectes contigo y para que sin prisa cultives tu ser interior a través de estas hermosas líneas.

Prof. María del C. Gueits

Introducción

*E*scribí este libro como una guía para descubrir emociones escondidas en el interior. Contiene dos partes. Toda guía tiene una estructura y esta contiene diecisiete reflexiones para meditar. Cada reflexión contiene un segmento de la narración, acompañado de algunas preguntas para guiar la reflexión y espacios para contestar. Descubrir es un proceso que involucra verdad y esto lo hace poderoso en sí mismo.

Se obtiene un mejor resultado de la lectura de esta guía, si comienza separando un tiempo y espacio sin distracciones en el que se pueda concentrar en la lectura sin interrupciones. Antes de comenzar a leer haga un ejercicio de relajación con la respiración. Inhale bastante aire por la nariz, aguante la respiración por cinco conteos y luego exhale despacio. Repita este ejercicio de respiración hasta que se sienta relajada y lista para comenzar a mover poco a poco el terreno en su interior.

Las preguntas se deben contestar sin prisa y en

detalle para escuchar al corazón. No tenga prisa por terminar el libro, permita que su corazón conecte con la lectura para que pueda descubrir sus propias realidades. Es preferible que se identifique con las experiencias que apliquen, pero no compararse, por que el viaje que está por comenzar es único para cada uno de nosotros. Esto ayudará a que la voz o el mensaje correcto para ti comience a surgir desde el ser interior, poco a poco.

Las reflexiones proveen espacios para contestar las preguntas, pero se pudiera realizar las meditaciones con una libreta aparte, en la que tendría espacio ilimitado para escribir.

Espero que disfrute las lecturas y reflexiones y que en el proceso pueda conocerse mejor y amarse más.

¡Bienvenidos!

*E*sta guía contiene diferentes ejercicios de reflexión, divididos en cinco partes. Se puede utilizar de diferentes maneras. Sugerimos que utilice los ejercicios para reflexionar diariamente o que estudie cada sección de forma intensiva una vez a la semana. Esperamos que el Espíritu de Dios le dirija mientras disfruta de su descubrimiento a través de esta guía, de manera que cuando sienta continuar, hágalo, y cuanto sienta detenerse también. Sí recomendamos que haga un pacto personal con su libertad y diariamente tenga una cita para realizar una reflexión nueva o repasar lo aprendido. La oportunidad que pediste de vivir de una manera diferente está por comenzar.

¡Disfruta tu descubrimiento!

Índice

Mi vida 7

Mi origen 31

Mis sentimientos 45

Mi padre 53

Mi destino 73

Epílogo 85

Cultivando la mujer interior

MEDITACIÓN # 1

Los seres humanos fuimos creados para creer. Cuando vamos al salón de belleza, creemos que el profesional que nos corta el cabello o nos maquilla, hará que nos veamos más hermosas. Si damos pausa en los primeros minutos del proceso, con el cabello mojado, rolos y papel de aluminio… podríamos pensar que el estilista no sabe lo que hace. Sin embargo, al terminar el proceso, el resultado es superior. Cuando vamos al médico y seguimos sus recomendaciones, creemos que nos sanaremos. Ingerimos los medicamentos recetados aunque a veces no podamos ni leer el nombre de la etiqueta.

Ciertamente la religión exige el cumplimiento de tantas normas, que alcanzar a Dios, en vez de paz puede que se sienta como caminar en un laberinto cargando una tonelada de piedras. También es cierto que si subimos la mirada al cielo y contemplamos las nubes por diez segundos, sabemos que hay alguien superior a nosotros en alcance, creatividad y corazón. Con diez segundos más se nos aclara la mente y escuchamos nuestro interior deseando conocer a ese ser supremo, nuestro Creador. Tener fe es natural. Es necesario para vivir mejor.

Recuerdo que cuando era adolescente comencé a asistir a una iglesia tradicional. Me refiero a una iglesia pequeña con bancos de madera que tenían una canastita en el espaldar para colocar la Biblia y el himnario. En el altar había un púlpito de madera decorado con una mantita tejida. A ambos lados del altar, se apreciaban dos arreglos de flores naturales, que se cambiaban cada domingo, para que siempre tuvieran flores frescas.

En esta cultura era importante llegar temprano, estar presente en todas las reuniones, vestir adecuadamente y llevar la biblia. Eran muy enfáticos en el testimonio, es decir, en lo que pensaban los demás de nuestra conducta o palabras. Había que tener cuidado y hasta miedo de los mensajes subliminales que la música podía tener. Recuerdo las charlas sobre las imágenes escondidas en las carátula de los discos, en los anuncios y hasta los mensajes que se descifraban escuchando las canciones al revés.

Sin embargo, escondida en mi corazón, ardía la pasión por la música y por los ritmos fuertes que provocaban celebración. ¡Me encantaba el arte y la expresión! Pero en ese momento no encontré un espacio para liberarlos y hacerlos crecer. A mis doce años, yo tenía un corazón sensible y apasionado, que se fue escondiendo detrás de la incertidumbre, la soledad y la apariencia de perfección. Interpreté que Dios me aceptaría por mi obediencia.

Entonces comenzó la lucha en mi interior. Mi percepción espiritual fue diferente. Recuerdo noches en las que no concibía el sueño, pues una sensación intensa, como una presión, invadía mi pecho. Sabía que debía arrodillarme al lado de la cama a leer algunos Salmos antes de dormir. Eran algunos Salmos en particular que tenía que leer completamente, sino aquella presión no se aliviaría. Haremos referencia a algunos de ellos más adelante. Esas palabras se quedaron grabadas en mí hasta el día de hoy y me han sostenido.

Esos momentos de lectura bíblica me enseñaron a escuchar a un Dios que quería hablar conmigo. Comprendí a través de los Salmos que Dios era amable y compasivo. Estaba más interesado en mi corazón que en mi apariencia. Hoy día ese Dios de la Biblia continúa estando cerca de mí. Me habla con amor y me acompaña en todos los momentos de mi vida. Si le pido consejo, me escucha y me responde. Si pido su ayuda no tarda. Siempre está presente.

Si pudieras describir al Creador desde tu punto de vista: ¿Qué cualidades le darías?

_____

_____

_____

_____

_____

¿De qué manera es similar o diferente al Dios que enseña la religión?

_____
_____
_____
_____
_____

¿Te gustaría relacionarte directamente con el Creador?

_____
_____
_____
_____
_____

Escríbele directamente al Creador: ¿Qué relación te gustaría tener con Él?

_____
_____
_____
_____
_____
_____
_____
_____

Cuando termines tus reflexiones, puedes cerrar diciendo: "Espero tu respuesta, Dios." Recuerda que una relación tiene dos partes. Si al terminar de escribir sientes que hay algo pendiente, puedes esperar en silencio para escuchar la respuesta de Dios. Puedes continuar hablando con Dios o escribir cualquier otro pensamiento que venga a tu mente. Cuando sientas que has terminado, puedes decir: "Gracias Dios, por completar el ejercicio de práctica".

MEDITACIÓN # 2

Hace cinco años fui diagnosticada con cáncer de seno. Descubrieron que tenía dos nódulos en mis senos y que hasta el momento habían sido benignos. Recuerdo aquella tarde que salí de la bañera y pude ver que tenía una mancha negra en un seno. Me asusté cuando lo vi, pero mantuve la calma. Orando una noche recibí en mi espíritu que debía recitar el Salmo 91 en la mañana y en la noche por siete días.

Al día siguiente comencé a recitar el Salmo mañana y tarde, como me lo había recetado el Espíritu. Al tercer día, comencé a ver la mancha desvanecerse. Al séptimo día, desapareció por completo.

Esto fue una gran victoria para mí que era alérgica a las visitas médicas y que acostumbraba autorecetarme para cualquier catarro o dolorcito que sintiera. Mi esposo, que no sabía nada de lo anterior, comenzó a decirme de pronto, que sacara tiempo para ir al médico, a lo que yo contestaba "sí…, sí, sí." Una tarde conducía por la Avenida Monserrate y sentí una urgencia en mi alma, una voz interior que me dijo "tienes que ir al médico". Entendí que Dios me estaba hablando, así que respondí: "si es tan urgente que vaya al médico, permíteme encontrar un médico que atienda sin cita para que me examine inmediatamente." Miré a la derecha y encontré en esa misma avenida una oficina médica. Llamé para pedir una cita y la secretaria me informó que atendían sin cita, que podía ir al día siguiente. ¡Dios y sus detalles!

Visité la oficina médica, me realicé varios estudios, entre ellos laboratorios de rutina y mamografías. En la lectura de resultados el médico me informó que tenía un nódulo en un seno y que el mismo tenía un crecimiento extraño, por lo que me refirió a un cirujano para realizar una biopsia del mismo. Segura de que Dios me libraría, llamé inmediatamente al cirujano para la visita inicial. Ni siquiera me di cuenta de que uno de los nódulos había desaparecido, es decir, que un milagro procesal estaba ocurriendo. Le llamo milagro procesal porque la sanidad no ocurrió instantáneamente.

A veces Dios concede el milagro completo en el momento de la oración. Otras veces, el milagro es realizado luego de un tiempo de oración. En otras ocasiones los milagros son procesales, como en mi caso. Dios permite que el milagro se vaya manifestando por etapas, mientras la persona va creciendo en el proceso. Nosotros deseamos que todos los milagros sean inmediatos, porque a nadie le gusta sufrir, pero el plan de Dios está por encima de los nuestros y quizás al milagro le acompaña una lección que debemos aprender. La emoción del milagro puede ser pasajera, pero aprender la lección que lo acompaña transforma la vida para siempre.

    Fui muy positiva a la cirugía de la biopsia, segura de que estas visitas médicas estaban por terminar. Llegué a mi casa con una cicatriz más grande de lo que esperaba, porque en la operación el cirujano decidió remover el tumor completamente, en lugar de solo extraer un pedazo para análisis. Varios días después asistí a la cita de seguimiento, donde recibí la gran noticia de que el tumor "era malo", canceroso y agresivo. Así lo describió el cirujano. No creo que su selección de palabras fue la mejor, pero si le agradezco que en medio de la biopsia haya decidido remover el tumor completamente. El siguiente paso en la ruta del cáncer fue referir al oncólogo. Cuando visité la oficina del oncólogo, continué con actitud muy positiva, pues estaba segura de que lo que estaba viviendo era un sueño y estaba a punto de despertar. A esto le llamaban negación y tal vez es un tema aparte. El oncólogo me refirió a realizar diferentes pruebas para asegurarse que no había células cancerosas en otras áreas de mi cuerpo. Incluso tuve que someterme a una segunda cirugía para hacerle pruebas a las glándulas que se encuentran debajo del brazo.

    Completé mis pruebas y fui muy entusiasmada a la cita de seguimiento con el oncólogo con todos mis resultados. ¡Esta vez eran negativos! ¡Sin cáncer! Seguro que esta sería mi última visita y el fin de este inconveniente. Le mostré los resultados al oncólogo y aunque fueron negativos a cáncer, el doctor recomendó un tratamiento de varias sesiones de quimioterapia para prevenir el regreso del cáncer. Esto basado en una prueba que se le hizo al tumor y un estudio de probabilidad. Sería un tratamiento preventivo. En el momento que recibí la noticia, yo hubiera dicho que no, pero sentí una nube de confeti invisible que cayó sobre mí y una voz interior que me dijo: "Tienes que dártelo".

Ese fue el momento en que me percaté de que lo que estaba viviendo no era un juego, ni una piedra en el zapato. Estaba siendo amenazada por el cáncer. Hacer contacto con la realidad requiere manejar emociones y someterse al milagro procesal. Así que accedí a aquella voz interior. Por favor escucha tu voz interior y escribe.

¿Tienes alguna decisión importante que tomar y no has podido?

_____
_____
_____
_____
_____

¿Tienes pendiente algo que tu voz interior te ha dicho que debes hacer y no has hecho?

_____
_____
_____
_____

¿Qué crees que esté deteniéndote?

A veces nos sentimos listos para actuar, otras veces no estamos seguros. Sea donde estés, escríbele a Dios como te sientes y que ayuda necesitas.

Escribe tres razones de agradecimiento a Dios y porqué.

MEDITACIÓN # 3

El plan establecido por el oncólogo (la ruta del cáncer) consistía en ocho sesiones de quimioterapia. Las primeras cuatro, serían cada tres semanas y las segundas cada cuatro semanas. La quimioterapia es un tratamiento intravenoso en el cual se inyectan diferentes sustancias que evitan el crecimiento y la propagación de las células cancerosas. El problema es que ataca las células cancerosas y también las sanas porque no puede distinguir unas de otras. Así que para apoyar al paciente, en el mismo suero se incluyen otros medicamentos que combaten los efectos secundarios del tratamiento.

Leí libros, vi videos y busqué información para aprender a tratar mi cuerpo de la mejor manera para ayudarlo a recuperarse antes de comenzar el tratamiento. El día de la primera sesión, no sabía que iba a suceder. Mi esposo me acompañó. Me anoté en el registro y entré directamente a una sala donde había varias sillas con otros pacientes conectados a sus tratamientos. La enfermera me sentó en la butaca y me conectó al suero. La sesión tomó aproximadamente cuatro horas en lo que bajaron los diferentes sueros. El primero que me conectaron contenía los medicamentos de apoyo contra los efectos secundarios. El segundo suero fue una sustancia color rojo, que los pacientes le llaman la *'sangre de Cristo'*. Este es uno de los sueros más agresivo contra los peores tumores que provoca. a su vez, los peores efectos secundarios. ¡Llaméle el paquete completo! Tan pronto me lo conectaron, sentí un fuerte ardor sobre mi cabeza, como si me estuvieran quemando el cuero cabelludo. Luego de unos minutos dejé de sentir aquel calentón y pude terminar la sesión sin sentir ninguna otra molestia.

Los primeros tres días me sentí lenta, pero normal, considerando que mi sangre estaba saturada de ácidos.

Después del cuarto día comenzaron otras sensaciones. Me percaté que las recomendaciones generales no necesariamente eran efectivas conmigo y que yo tenía que ir descubriendo cómo manejar mis síntomas. Mi paladar estaba afectado por un fuerte sabor a metal, así que los alimentos sabían diferente. También mi sistema digestivo estaba muy sensible a la acidez y las náuseas. El dolor de cabeza me visitaba varias veces al día. Según fueron pasando los días, continué debilitándome hasta que no podía hacer mis cosas por mí misma.

Así con la ayuda de algunos familiares, pude pasar los primeros veintiún días. Descubrí lo que funcionaba para mi recuperación y me sentí más fuerte para continuar el tratamiento. En la segunda sesión continué practicando aquello que me funcionaba. Me hacían bien los guineos, las sopas y tomaba solamente agua embotellada. No toleraba tomar ningún otro líquido. Aunque manejé los síntomas esta vez noté que me tardé un poco más en mejorar que en la primera sesión.

Después de la tercera sesión, ya no podía tolerar nada de lo que me había estado funcionando. Sentía repulsión por el agua, vomitaba las frutas y la lista de alimentos que toleraba se limitó aún más. Irónicamente me sentía peor y sabía que tenía que estar fortalecida para los cinco tratamientos que me faltaban, pero no sabía cómo apoyar mi cuerpo para hacerlo. Sentía como si estuviera luchando para vivir dejando que me matara la quimioterapia.

Es hora de que escuches tu interior. ¿Puedes describir alguna conducta que estés practicando con una buena intención, pero esté haciéndote daño?

_____
_____
_____
_____
_____

¿Cómo se puede hacer algo diferente?

_____
_____
_____
_____

¿Crees que sea posible?

_____
_____
_____
_____
_____

Escríbele a Dios como te sientes y que ayuda necesitas.

_____
_____
_____
_____
_____

Escribe tres cosas que puedes agradecerle.

_____
_____
_____
_____
_____

Meditación # 4

Hay momentos en nos encontramos contra la pared son estos los que requieren que empuñar el arma secreta: la fe. Les confieso que en mi mayor momento de desesperación, debilidatada por el tratamiento, fui al baño, cerré la puerta y me tiré de rodillas al suelo. Miré al techo, como si fuera el mismo cielo y le dije a Dios, con mis ojos llenos de lágrimas y mi corazón descubierto: "Tú eres mi Creador. Tú hiciste mi cuerpo. Tú conoces la enfermedad. Escucha, por favor, mi oración. Dame una alternativa a este tratamiento porque no puedo más con él. Por favor ayúdame…"

Algunos días después tuve un sueño. Estaba de pie en un espacio abierto comiendo algo de mis manos. Había un hombre de cabello largo frente a mí. No lo ví directamente, pero sabía que estaba ahí. Se me cayó un pedazo de lo que estaba comiendo al suelo y me incliné para recogerlo. Al momento, escuché a ese hombre decirme: "Si te comes algo que está sucio te puede hacer daño". En ese preciso momento, desperté y entendí que no debía consumir algo que me hiciera daño. Interpreté entonces que podía dejar la quimioterapia y que para mantener mi salud debía descubrir otras cosas que quizás me estaban envenenando y yo no estaba consciente.

En mi búsqueda descubrí que muchas personas se pudieron sanar de cáncer con tratamientos diferentes a la quimioterapia. Entre estos se encuentran los sueros de vitamina C, las cámaras de oxígeno, los saunas y el ayuno. Consulté varios libros y los que más me ayudaron fueron: *'Chris beats cancer'* y *'El Poder del Metabolismo'*. Yo decidí reducir el tamaño de mis porciones de comida, reducir el consumo de azúcar, realizar actividad física regularmente, evitar los ambientes estresantes y ayunar regularmente.

También descubrí que hay médicos responsables interesados en la salud de sus pacientes, pero hay otros que están asegurándose de que su negocio se mantenga. Quise compartir esta información con el oncólogo e hice una cita para dialogar con él sobre mi nuevo enfoque de tratamiento preventivo. Cuando le dije que no continuaría con el tratamiento y que quería practicar otras alternativas como prevención, se molestó. Su semblante cambió de amable y sonriente a estirado y serio. Me miró a los ojos y me dijo que si me gustaba leer, que entonces leyera lo que me iba a entregar. Imprimió unos documentos, les hizo unas marcas y me los mostró. Eran otros análisis de probabilidad que mostraban que ahora no serían ocho sesiones de quimioterapia, si no que me faltaban cuatro sesiones de radioterapia adicionales…

Salí de su oficina y volví a leer los documentos con calma. ¡Entonces me di cuenta de que había marcado la ruta mal! El nuevo tratamiento que estaba recomendando no aplicaba al tipo de cáncer, ni al tumor que me habían extirpado. Los médicos hacen su trabajo y no doy consejo contra ninguno, pero eni sano juicio decidí no regresar a su oficina.

Si estás leyendo estas líneas, es porque el Creador escuchó mi oración, me concedió una segunda oportunidad y hasta el día de hoy me ha llevado de su mano. Dios no se equivoca en el tratamiento que indica para sanarnos.

En octubre del 2023, cinco años más tarde, fui a un médico internista para hacerme laboratorios de seguimiento. Entre estos, hice las mamografías de rutina. Estoy agradecida de Dios, pues todos los laboratorios salieron negativos al cáncer. Mi cuerpo sigue limpio gracias a Él.

Creo que Dios siempre ha querido ser parte de nuestra vida, como Padre, como Consejero… Creo que Dios quiere que lo invitemos a nuestros asuntos, le pidamos ayuda, y compartamos con Él durante todo proceso. Esa relación comienza con nuestra oración, hablándole honestamente de lo que pensamos, sentimos y necesitamos. No hay límites para lo que Él puede hacer. *"Padre nuestro que estás en el cielo, santificado se tu Nombre. Que venga a nosotros tu reino y que se haga tu voluntad en la tierra como en el cielo".*

Exprésale a Dios como te sientes hoy…

Señor, hoy me siento …

Señor, pienso que …

Señor, necesito …

Señor, se que tu eres …

Señor, gracias por …

_____
_____
_____

    Estas frases se pueden utilizar como guía para crear o fortalecer el hábito de la oración diaria. Puedes completar tus respuestas en un diario personal. para que reflexiones con calma y para que observes el progreso de tu relación con el Creador, a medida que creces en la práctica de la oración.

MEDITACIÓN #5

Soy hija de una familia que sufrió la enfermedad del alcoholismo. Mi abuelo y mi madre murieron en la calle víctimas de esa enfermedad. Esta es una enfermedad que tiene muchas máscaras y que puede manifestarse en una familia donde nadie toma alcohol. El origen puede ser alguien que tiene una obsesión con alguna cosa mientras otros a su alrededor se obsesionan con cambiar la conducta del primero. El resto de la familia se mueve alrededor de este círculo, donde unos quieren controlar a otros, con la ilusión de que cuando el otro cambie, todo será mejor.

Criarse en una familia contaminada por las adicciones es una pesadilla para cualquier niño. Estoy agradecida de lo que aprendí en mi familia y también reconozco que tuve carencias. Mi padre biológico murió cuando yo tenía dos años. De acuerdo con el acta de defunción, fue suicidio. No tengo recuerdos de él. Nunca pregunté de que había muerto. Cuando fui a la universidad y me pidieron el acta de defunción de mi padre, mi abuela me explicó que la causa de la muerte en el acta de defunción era un error. El documento decía suicidio, pero en realidad ellos creían que había sido asesinado, pues hubo unos detalles extraños relacionados a su muerte que nunca fueron resueltos.

Me contaron que el día en que murió, él paso por la casa de mi abuela a llevarle un dinero a mi madre, se despidió de ella y se fue. Luego lo encontraron colgado en el garaje de su casa como si se hubiera ahorcado. Pero el portón estaba forzado. ¡En fin solo Dios sabe que fue lo que pasó! En diferentes ocasiones, mi madre me dijo llorando que ellos se amaban y que yo había nacido del amor. ¡Qué hermosas palabras!

También recuerdo cuando murió mi querido abuelo. El vendía juguetes. Casi nunca estaba en la casa, pero cuando venía, me permitía entrar al camión y seleccionar un juguete que yo quisiera. Además, me traía unos dulces de coco que eran blancos, cremosos y venían envueltos en forma alargada, que eran mis favoritos. Algunas noches me dejaba acostar en su cama y me ayudaba a repetir el Padre Nuestro…

Cuando él murió, a los primos ni a mí, nos dijeron nada. De alguna manera yo sabía lo que había pasado y pregunté dónde estaba mi abuelo para que me lo dijeran y poder cerrar el capítulo del secreto. En ese entonces tenía solo siete años de edad. Su *"Padre nuestro…"* sigue conmigo hasta hoy.

¿Puedes identificar rasgos negativos de tu familia de origen?

_____
_____
_____
_____

¿Hay algún secreto que todos saben pero se habla?
_____
_____
_____
_____
_____

¿Puedes identificar rasgos positivos de tu familia de origen?
_____
_____
_____
_____
_____

Escribe tres razones por las que le agradeces a Dios.
_____
_____
_____
_____
_____

Meditación # 6

Mi madre tuvo un segundo matrimonio que duró un par de años. Los recuerdos de mi niñez son vagos, pero de emociones fuertes. Recuerdo una bata de dormir de color rojo de una tela muy suave. Me encantaba usarla.

Recuerdo que fui Blanca Nieves en una pequeña obra que se presentó en mi graduación de pre-escolar. Veo la casita de cartón en el escenario y siento la emoción del desmayo en escena. Para ese tiempo también fui reina de los corazones y me sentaron en una tarima en el salón junto a mi rey. A veces estaba sentada en el sofá viendo televisión y mi tío me sorprendía haciéndome cosquillas. No tenía ni que tocarme, con solo ver sus dedos apuntando hacia mí, ya yo estaba muerta de la risa.

No tengo recuerdo de cumpleaños que me hayan celebrado, aunque he visto algunas fotos. Si recuerdo algunos regalos que fueron significativos para mí: un set de pintarme las uñas, que tuvimos que botarlo porque reaccioné con alergia y un set de hacer ejercicios llamado *'Get in Shape Girl'*. ¡Me encantaba! Luego de hacer esa rutina, mi prima y yo buscábamos en el televisor otros programas de ejercicios para hacerlos. Nos divertían esas rutinas de aeróbicos.

Tengo recuerdos más vivos de mi escuela intermedia. Estuve en una escuela de modelaje, era fabulosa. La disfruté mucho. La clase de fotografía frente al espejo fue estupenda. ¡Hice mil poses! Otra clase que recuerdo es la de organización. Nos daban la oportunidad a cada una de nosotras de compartir cómo organizábamos la ropa en nuestro cuarto. Recuerdo cómo una compañera en su turno en la clase, describió que su guarda ropa estaba organizado por colores y tamaño de las piezas. Mientras la escuchaba, yo pensaba qué iba a decir. Yo vivía con mi abuela y dormía con ella, pues yo no tenía un cuarto propio. Guardaba mis uniformes en su armario y el resto de la ropa en una de sus gavetas. Cuando llegó mi turno de decir cómo estaba mi closet organizado, dije exactamente lo mismo que mi compañera. No estaba lista para otra cosa en ese momento.

Pensando en las clases de modelaje, recuerdo que cuando tenía cuatro años aproximadamente, me matricularon en clases de baile. Tomé ballet y flamenco. Me encantaban ambas. En mi recuerdo, me veo practicando para una presentación. Creo que en la pieza actuábamos como gatos. Yo estaba en medio y mis compañeras sentadas a mi alrededor en forma circular. Yo iba dando la vuelta y señalando a cada una de ellas con mi pierna. Solo recuerdo ese ensayo.

Nunca me llevaron a la presentación, ni a ninguna otra clase. Escuché a mi madre decirle a una amiga que me había sacado de las clases porque yo había bajado las notas. Les recuerdo que yo estaba en preescolar como mucho. No era su culpa, sino de la enfermedad. Sí le agradezco que me haya expuesto a las artes a temprana edad. Marcó mi vida para siempre.

¿Puedes describir tu juguete favorito de niño?
_____
_____
_____
_____
_____
_____

¿Cómo te sentías cuando jugabas con el juguete?
_____
_____
_____
_____
_____
_____

¿Hay alguna actividad que realices actualmente que te haga sentir igual? Se vale comprarte el juguete o buscar otra actividad que te apasione igualmente para que puedas practicarla regulamente y así alimentar tu alegría.

¿Qué lección o experiencia positiva puedes agradecerle a tu familia de origen?

En tus palabras, dale gracias a Dios por tu familia.

Meditación #7

Según la enfermedad de mi madre fue progresando pude ver cómo se agravó la negligencia. En varias ocasiones me quedé esperando que me recogiera en el colegio y tuve que irme con algún compañero que se ofreció a llevarme, porque ella no llegó. Hubo otros momentos que compartimos en los que se burló de mí delante de sus amigos. Se enojó conmigo por motivos incomprensibles o esperaba que me comportara como una de sus amigas. Aprendí a lidiar con mi madre, escondiendo mis sentimientos y dándole la razón. Después de todo, estaba enferma.

Hubo dos momentos que me sacudieron el alma. Uno de ellos fue cuando la vi besando a su mejor amiga. Yo estaba escondida en una escalera y ellas estaban sentadas en un sofá. Fue una sorpresa para mí. El otro fue cuando encontré en su cartera un potecito con residuos de una sustancia de color blanco semejante al talco. Yo tenía doce años, nunca había visto drogas, pero sabía que aquello no era talco y que mi madre estaba en peligro.

Yo quería ayudarla, pero no sabía qué hacer. En su última temporada casi no la veíamos. Yo vivía con mi abuela y mi tío, que también es mi padrino. Ya yo había sobrevivido la escuela superior y había comenzado la universidad. Cursaba mi segundo año cuando mi tío me vino buscar porque mi madre estaba en el hospital. No era la primera vez que cuidábamos de ella. La rutina era verla llegar delgada con su abdomen inflamado, acostarla en el sofá, llamar a la vecina enfermera para que le conectara un suero y velarla. La llevábamos al hospital, la estabilizaban y la referían a algún centro de rehabilitación.

Llegó a asistir a algunos hogares de rehabilitación, pero sus programas no lograron que despertara. En esta ocasión, llevaba una semana en el hospital. Poca gente vino a verla pues nadie sabía que ella estaba en el hospital. En este tiempo se estaba comenzando a conocer el SIDA y mi abuela no quería que nadie supiera que ella estaba en el hospital para que no pensaran que era SIDA. Si agradezco a unos pastores muy queridos, Rasbel y Tony, que hayan ido a visitarla y orar por ella, antes de morir.

Un día mientras yo estaba con ella en el hospital, me pidió que le comprara limbers en la casa de frente a la nuestra. Estaba delirando. Como ella era insistente, salí dela habitación, caminé por el pasillo y regresé. Cuando me preguntó por los limbers le dije que no había encontrado a nadie y que la señora no estaba allí. Ella me contestó: "pero cómo no va a estar allí si esa señora está en silla de ruedas, no puede caminar". ¿Qué les parece?

Este y otros momentos en los que vió personas en el cuarto, que no estaban allí y que ya habían muerto tiempo atrás, me avisaron que en esta ocasión debíamos dejarla ir. Esa noche, cuando mi tío me fue a buscar a la universidad, me dijo que me preparara para lo peor. Cuando vió que reaccioné con tranquilidad, me dijo que lo peor había pasado.

Es extraño, pero les confieso la noticia me trajo descanso. De alguna manera, me sentía responsable por su condición. Yo había orado, la había evangelizado, la cuidé, le mostré afecto y sin embargo no pude lograr que cambiara. Ahora entiendo que ella estaba enferma. Me dolió no haber podido envejecer con ella, no poder adorar a Dios junto con ella y ver desaparecer sus sueños sin cumplir. Sí, descansé porque había terminado la incertidumbre de no saber dónde estaba, si estaría sufriendo y si algún día cambiaría. Ahora estaba en las manos de Dios.

¿Qué situación viviste o vives en la que no puedes hacer nada, pero te sientes responsable?

_____
_____
_____
_____

¿Qué personas Dios ha puesto en tu camino que han sido ángeles para ti?

_____

_____
_____
_____
_____
_____

Usa estas líneas para guiarte en oración: "Señor, te entrego esta situación que me preocupa, aunque no la puedo resolver:
_____
_____
_____
_____
_____
_____

Te pido que me ayudes a mejorar mi vida y a confiar en que tú te encargas de lo que yo no puedo cambiar. Gracias por estos ángeles que pusiste en mi camino:
_____
_____
_____
_____
_____
_____

Bendícelos con tu amor y provisión. Gracias por siempre estar presente.

Meditación # 8

Con la muerte de mi madre, pensé que mi relación con las adicciones había terminado. No sabía que me había llevado conmigo varios venenos. Uno de ellos es el veneno del resentimiento. Cuando estamos resentidos, no pensamos en nosotros, pensamos en lo que otro hace o dice en nuestra contra. Le damos poder al otro y castigamos nuestra alma con dolor, reviviendo el momento o las palabras hirientes (resentimiento).

En mi proceso de recuperación del cáncer, tuve un sueño en el que estaba de pie frente a un espejo. Me acerqué para ver mi imagen en el espejo y el reflejo era la imagen de mi madre. Grité "no puede ser". Salí corriendo de ese cuarto y luego desperté. Le conté el sueño a la terapista que estaba visitando en ese momento y me pidió que pensara si guardaba algún sentimiento negativo hacia mi abuela o mi madre, pues el cáncer había sido en el seno, que era el símbolo de la maternidad.

Mi abuela fue una mujer marcada por el abandono desde niña. Su madre la dejó en la casa de su padre a muy corta edad. Luego regresó a buscarla cuando ella tenía dieciséis años, pero ella no quiso irse. Le agradezco que haya cuidado de mí. Sé que me amaba a su manera. Cuando trataba de enseñarme a cocinar, terminaba gritándome que me saliera de la cocina. Sin embargo, el conocimiento que tengo de costura y el amor que le tengo a la aguja y a las telas, lo aprendí con ella. Mis trajes de graduación de sexto grado y cuarto año los confeccionó mi abuela.

Lo pasábamos súper cuando íbamos a Río Piedras los sábados. Nos levantábamos temprano, caminábamos hasta el pueblo de Río Grande y nos montábamos en la guagua que nos llevaba a Río Piedras. Caminábamos por las aceras y las tiendas, chocando con la gente todo el día. Almorzábamos un calzone en *Sbarro* y en la tarde regresábamos al "corral de las guaguas", para montarnos en la que nos llevaría de regreso a Río Grande.

Hubo otros momentos que deseaba no verla ni escucharla. Cada vez que me decía que yo sería igual que mi madre, un fuego crecía dentro de mí. Yo era joven, inexperta y no estaba segura del camino que tomaría, pero de algo estaba segura y era que yo no sería como mi madre. Quizás la marca de sus palabras es lo que creó en mi interior un gran peso por la opinión de otros acerca de mí. Quizás inconscientemente me dediqué a construir una imagen de mí que proyectara perfección, según yo la definía.

Cuando mi abuela se dió cuenta que mi madre había comenzado a deteriorarse y que me estaba llevando a lugares peligrosos, buscó quien me invitara a la iglesia. Una compañera del kínder de la obra, (¿se acuerdan?), me invitó a una reunión de jóvenes, viernes en una Iglesia Bautista. Asistí a esa primera reunión y me pareció que esos jóvenes necesitaban un poco de sazón. Así que seguí asistiendo a las reuniones, viernes y domingo. Me quedé para ayudarlos y me encontré con Dios. ¡Gracias a mi abuela!

¿Hay alguna situación dolorosa que recuerdas a menudo y la vuelves a sufrir?

_____
_____
_____
_____
_____

¿Sufriste algo que no puedes perdonar?

_____
_____
_____
_____
_____

El rencor nos enferma. Pídele a Dios que te ayude a perdonar.

¿Crees que Dios te puede devolver lo que perdiste?

Meditación # 9

*E*n uno de esos momentos de desesperación que Dios permite para captar nuestra atención, miré al cielo y le pedí a Dios un retiro. Unos días después, una amiga me invitó a un retiro para mujeres en el santuario de una virgen. Mis creencias no dan espacio a la adoración de la virgen, pero yo necesitaba separarme de la rutina para hablar con Dios, así que acepté la invitación. El centro de retiro era hermoso. Tenía un gran patio muy bien cuidado y variedad de plantas en diferentes jardines. Parecía otro país. Las monjas eran muy amables y cocinaban riquísimo.

En las dinámicas, traté de conectar con el Espíritu de Dios, aunque las lecturas y las canciones fueran de la virgen. En ese retiro, Dios me permitió conocer una imagen sana de la maternidad a través de las lecciones sobre la virgen; me sentí serena y aliviada. Conocí una imagen de madre de familia que no había visto antes, que ama, protege y ayuda. Al terminar el retiro, debíamos escribir una carta a la virgen. Sin embargo, yo no quería escribirle a la virgen, así que miré al cielo y le pregunté a Dios que podía escribir. Sentí una voz en mi interior que me dijo: *"escríbele a tu madre y a tu abuela"*.

Fue la primera vez que pude expresarles mis sentimientos a ambas. En esa carta les dejé saber que entendía los dolores que habían sufrido y que las perdonaba por lo que me faltó. Les agradecí también las lecciones que le dieron forma a mi vida para hacerme una mejor persona. Pude agradecerle a mi madre que me haya expuesto a las artes y que me haya motivado a aprender cosas nuevas sin miedo. Igualmente tuve la oportunidad de agradecerle a mi abuela que me haya llevado a la iglesia en mi adolescencia. Conocí a Dios y lo hice parte de mi vida. Al terminar la carta, enrollamos el papel y lo depositamos en un jarrón grande a los pies de la virgen. Dejar mis resentimientos en el santuario de la virgen fue liberador.

Escribe una carta para aquellos que fueron significativos en tu crianza. Exprésales qué entiendes ahora como adulto, qué les perdonas, y qué les agradeces. Si es muy doloroso, pídele a Dios que te ayude. Te recomiendo que escribas la carta en un papel aparte que puedas dejar en algún lugar, para que al igual que yo puedas completar el ejercicio de dejar ir.

MI PADRE

Meditación #10

Me fui de mi casa a los dieciocho años. Estudié en la universidad. Me casé y tuve tres hijos varones. Disfruté el crecimiento de mis hijos al verlos tocar música en la iglesia y practicar deportes. Hoy son hombres que tienen sus propias familias. Cuando me miro al espejo, veo una mujer adulta, pero al cerrarlos, a veces siento que hay una niña asustada en mi interior. Treinta años después de un comienzo doloroso, el miedo sigue afectando mi vida hoy.

A veces tengo miedo de decir lo que pienso para que no vayan a pensar menos de mí. Eso es vergüenza. La verdad es que este miedo se presenta cuando pienso que soy menos que los demás y por eso quiero esconderme o huir.

Trabajé mucho tiempo como maestra. Ese es uno de mis lugares seguros. Gracias a mis maestras de escuela secundaria tuve muchas oportunidades de desarrollar esta habilidad. Hace poco comencé a trabajar en una compañía  de tecnología como documentadora. Mis tareas eran usar un sistema de computadoras para revisar que su manual de instrucciones fuera útil para los usuarios y hacer las modificaciones pertinentes. Todos los lunes el equipo de trabajo se reunía a compartir en tres minutos el estatus de sus tareas. El primer lunes, noté que estaba muy nerviosa desde que llegué a la oficina. Sentía una presión en el pecho que iba aumentando según se acercaba la hora. No entendía lo que pasaba, porque era sencillo decir que módulos había terminado y cuales iba a trabajar esa semana. Llegué a la reunión, me senté en una de las doce sillas que rodeaba la mesa rectangular y esperé a que los demás llegaran. Eran las 10:00 a.m. Comenzó la reunión y con ella los turnos para ir compartiendo brevemente el estatus de la semana. Mientras se acercaba mi turno sentí que mis oídos se ponían más grandes y escuchaban menos. Mi corazón comenzó a latir más rápidamente. Mi garganta se secó y llegó mi turno. Intenté de decir cuales módulos había terminado, pero olvidé los nombres. Traté de decir los que iba a trabajar en la semana, pero no me acordaba cuales eran. Mi compañera intervino y dijo la información por mí.

Terminó la reunión y regresé a mi escritorio preguntándome que había pasado. Luego practicando meditación descubrí que inconscientemente yo sentía que ellos eran mejor que yo porque eran profesionales en la industria de la tecnología y yo una maestra que acababa de llegar. Sé que estos pensamientos no son verdades, pero están sutilmente en nuestra mente dirigiendo nuestros juicios y decisiones.

Me preparé para la próxima reunión con un

papelito con los nombres de los módulos para asegurarme que no se me olvidara. Practiqué en mi escritorio para que no se me fuera la voz y todos pudieran escucharme. Llegué a la reunión, me senté en la silla y esperé. Llegó mi turno. Con el corazón a la misma velocidad que la primera vez, logré decir lo que había escrito en el papel. Disfruté la victoria hasta que mi líder me hizo una pregunta. Se me cerraron los oídos, mi mente repetía: "Me está preguntando algo, algo, algo…" y lo que escuchaba era un murmullo a la distancia: "bla,bla,bla". No tenía idea de lo que me había preguntado, pero él estaba esperando una respuesta, así que respiré hondo, me armé de valor y contesté con mucha seguridad: "Sí".

Mi compañera, que estaba nuevamente junto a mí, intervino y contestó la pregunta. Por supuesto, una vez ella terminó, yo confirmé, afirmando nuevamente: "Sí".

¿Puedes relatar alguna experiencia en la que hayas sentido emociones similares a las mías?

_____
_____
_____
_____
_____
_____

¿Cómo comparas la experiencia vivida con las demás personas envueltas en esa situación?

_____

_____
_____
_____
_____

¿Tienes que ser como los demás o puedes ser tú mismo?
_____
_____
_____
_____

Agradécele a Dios en tus palabras por tres cualidades que tienes.
_____
_____
_____
_____
_____

Meditación # 11

A veces tengo miedo de equivocarme, para no mostrar vulnerabilidad. Eso es culpa. Ese miedo se presenta porque pienso que no soy suficiente, por lo que tengo que ejecutar con perfección para otros no se den cuenta. Esta es una de las razones por las que se nos hace difícil decir "no". Cuando digo "sí", se despierta la ilusión de una tarea que se puede realizar con perfección para que otros vean lo que soy capaz de hacer. Se me infla el pecho y me siento la salvadora del mundo. Puede ser que sacrifique algún compromiso personal, pero se siente tan bien decir que sí, que guardo el 'no' para la próxima.

Esto es una trampa, una batalla que no puede ganarse. Si le digo que sí a todo, alguna o algunas cosas saldrán mal y la culpa me golpeará. Me acusará por no haberlo hecho bien o me acusará por haber tomado responsabilidades de otro sobre las mías.

Otras veces el "Sí" sale con las muelas de atrás, por obligación. Ese "Sí" hipócrita, no solo complica nuestras circunstancias, sino que envenena nuestro corazón con ira. Nos molesta hacer algo que no queremos, por quedar

bien o complacer a otro, sabiendo que no es la mejor decisión. Esa supuesta obligación es un fantasma. Soy yo quien me castigo.

Lo más prudente es evaluar la situación. No debo hacer por otro lo que éste debe hacer por sí mismo. Resolverle es un daño. Puedo ayudar, y aunque a veces será incómodo, no debe ser un sacrificio al punto que perjudique mi bienestar. Si no se puede, aunque haya insistencia del que solicita la ayuda, debo decir que no.

En el momento, la culpa quiere acusarme de egoísta, pero no debe sorprenderme. Luego, cuando la persona resuelva sin mí o con la ayuda de otra persona que sí está disponible, me doy cuenta que no soy la salvadora del mundo. Me doy cuenta de que mi prioridad soy yo, porque nadie hará por mi lo que yo debo hacer por mí misma. Cuando veo que funciona, recibo la paz y la satisfacción de haber hecho lo correcto. Con la ayuda de Dios y la práctica, cada vez será más natural.

¿Qué áreas de tu vida has descuidado por resolverle a otros?

_____
_____
_____
_____
_____
_____

¿Qué puedes comenzar a hacer para que tu bienestar sea prioridad en tu vida?
_____
_____
_____
_____
_____

Escribe en tus palabras una oración pidiéndole ayuda a Dios en lo anterior.
_____
_____
_____
_____
_____

Agradécele a Dios por tres cosas en las que crees que te ha ayudado.
_____
_____
_____
_____
_____

MEDITACIÓN # 12

Muchas veces, una voz interior me alerta de que las cosas pueden resultar de la peor manera. Creo que es por falta de confianza en otros y en mí misma. Ese miedo se presenta a través del 'control'. Me desespera cuando no puedo controlar alguna situación, asumiendo que si no lo hago yo o a mi manera, saldrá mal y me traerá sufrimiento. Cuando esa voz enferma está empoderada, critico a los demás y creo saber cómo deben comportarse y que deben hacer para solucionar sus problemas.

Esa voz se crece en mi cuando me estoy descuidando. Comienzo a ver los logros de otros con envidia en lugar de reconocimiento. Comienzo a ver los errores de otros como oportunidades para elevarme sobre ellos destacando sus debilidades.

Doy lugar a la ira y al trato hostil de los que me rodean. Esa voz también puede ser bastante hostil conmigo misma. En el diario, en la tarea más cotidiana o en la más abarcadora, me puede sorprender la voz crítica presentándome un final desastroso e inminente. Me pasa como una película lo que puede salir mal y como. A menudo esa voz interior me crítica sin piedad y siempre está señalando mis deficiencias. Muchos tenemos esa voz inconsciente, que trata de cuidarnos advirtiéndonos que lo que estamos viviendo se parece a una situación en el pasado que nos hizo sufrir. Es importante que reconozcamos esta voz crítica y razonemos objetivamente sus juicios enfermos para que no nos controle con el miedo al desastre.

Cuando reconozco esa voz crítica implacable, me detengo. Voy soltando las opiniones que tengo acerca de otros y los pensamientos negativos, para liberar esa energía mental. Cada uno tiene su vida y tiene el derecho de vivirla a su manera, celebrando los buenos momentos y asumiendo sus responsabilidades. Las grandes ideas que tengo para que otros arreglen su vida, debo aplicarlas en la mía. Debo invertir mi energía mental y física, también en mi crecimiento, con la esperanza en que todas las cosas me ayudarán a bien, porque Dios me está ayudando. Si quiero ser ejemplo, lo seré a través de mis acciones, no mis palabras.

¿Qué pensamientos negativos te dice esa voz crítica?
_____
_____
_____
_____
_____

¿Crees que eres suficiente?
_____
_____

¿Puedes confíar en que Dios te ayuda y ayuda a los tuyos?
_____
_____
_____
_____
_____

Escribe una oración en tus palabras para pedirle a Dios que aumente tu confianza en Él, en ti y en los demás.
_____
_____
_____
_____
_____

MEDITACIÓN # 13

La última vez que alguien me gritó, teniendo yo más de cuarenta años de edad, sentí que tenía tres años nuevamente. Quería esconderme, correr y huir. Quería mostrar mi corazón herido para que tuvieran compasión de mí. Deseaba que me pasaran la mano, sintieran mi gran sufrimiento y se enfocaran en mí. Le compartí la situación a diferentes personas esperando que me dieran la razón, me dijeran que debía hacer o me defendieran.

Hace unos años escuché un ejercicio de sanidad emocional relacionado al niño interior. En éste, uno comienza con respiraciones profundas para relajación y una vez esté concentrado en la respiración, se imagina que esta regresando a su casa de la infancia. Cuando uno entra a la casa como adulto, debe imaginar que los padres o cuidadores están sentados en la sala. Cuando el adulto entra y los ve, les dice: "Vine a buscar a _____ (Yo cuando niña). Gracias por cuidarlo hasta ahora. Me lo voy a llevar para cuidarlo yo de ahora en adelante".

Luego se debe entrar a la casa y pasar por todas las habitaciones hasta encontrar al niño. Al verlo, debemos decirle: "Vine a buscarte, ahora yo cuidaré de ti. Te amo". Debemos tomar el niño en brazos, despedirnos de los adultos en la sala, y llevar al niño con nosotros.

La primera vez que hice este ejercicio mental. Me pareció que era una tontería. ¡No pude imaginar nada! La segunda vez que lo intenté pude encontrar a mi niña escondida en un closet. Aparentaba tener unos siete años. Estaba sentada en el suelo, con los codos sobre sus rodillas y la cabeza entre sus brazos. No se veía su rostro. Estaba vestida de camiseta blanca y mahón con tennis. Tenía el cabello largo suelto. Estaba triste y molesta. Me sorprendió encontrarla, pero continué el ejercicio. Pude cargarla y llevarla conmigo.

Este ejercicio me ayudó a entender que algunos sentimientos de mi niñez pueden regresar cuando la vida me presente una situación que me parezca retante.

La diferencia entre antes y ahora es que ya no soy una niña indefensa víctima de la circunstancia. No tengo que esperar a que otro me consuele o defienda. Yo puedo ser mi apoyo y mi defensa. Antes, no podía afrontar correctamente las situaciones que se me presentaban. Ahora, sí puedo. El miedo no se ha ido por completo, pero ahora que lo entiendo, ha perdido poder sobre mí.

¿Cómo se siente tu niño interior? Si no puedes identificar ningún sentimiento de tu niño interior, respira profundamente hasta que te sientas relajado.

Escribe con tu mano dominante la pregunta: "¿Cómo te sientes?" Luego cambia el lápiz a tu mano no dominante y escribe lo que venga a tu mente. Te sorprenderá la respuesta.

Cuando sientas que tu niño terminó de escribir, pon tu mano dominante en tu pecho y dile a tu niño: "No te preocupes, no estás solo. Estoy aquí para ti, yo te cuido, yo te amo."

MEDITACIÓN # 14

Soy una mujer amada por Dios. Soy su hija, Él es mi Padre y siempre está conmigo. Soy imperfecta porque soy humana. No tengo que huir de los errores de mi familia. Los acepto y los abrazo porque me ayudaron a ser lo que soy. Soy una sobreviviente, soy una guerrera. No tengo que huir de mi pasado. Ese fue mi origen, pero no es mi realidad. Vivo en un mundo lleno de gente que sabe amar. Vivo en un mundo lleno de oportunidades para crecer. Vivo en un mundo hermoso lleno de aventuras por vivir. Me doy permiso de sentir mis emociones, y yo decido como responder a ellas.

Me doy permiso de expresar lo que pienso y deseo con respeto. Puedo escoger y hacer lo que es mejor para mí. No depende de otro, depende de mí. Decido creer que mis mejores días comienzan hoy. Mi vida nunca ha estado a la deriva, es producto del diseño del Supremo Creador.

Confío en lo que he aprendido y en mi creatividad. He puesto mi confianza en mi amado Padre que siempre está conmigo y me ayuda con todas las cosas. Creo en su sanidad y en su capacidad de abrirle camino a lo imposible. Tengo la certeza que su poder excede todo gobierno físico y espiritual. Confío en su provisión sobrenatural.

Sé que cuida de mí y está creando para mí una vida que yo puedo disfrutar con Él y que ayuda a otros. Persigo un futuro lleno de esperanza de la mano de mi Padre.

En un papel aparte, escribe las afirmaciones con las que te hayas identificado de esta lectura y/o escribe tus propias afirmaciones. Déjate guiar por tu voz interior.

Guarda tu hoja de afirmaciones en un lugar donde puedas leerlas a diario. Esto te ayudará a aumentar tu fe y a mejorar tu actitud ante las situaciones del diario vivir.

MEDITACIÓN # 15

*V*ivir una vida que se pueda disfrutar y que ayude a otros es un privilegio. Dios hace su parte y yo debo hacer la mía. Amarme es un hábito que debo cultivar todos los días. Fueron muchos los años que dediqué a velar de otros y posponer mis necesidades.

Hay cinco áreas que debo cultivar: mi cuerpo, mi espiritualidad, mi mente, mis emociones y mi expresión.

Mi cuerpo necesita buena alimentación, hidratación y descanso. Me esfuerzo por añadir plantas a mi dieta, es decir frutas, semillas y vegetales que me gustan. Me hacen sentir más liviana y con más energía. Me hidrato con agua con limón la cual rinde importantes beneficios.

Trato de dormir ocho horas todos los días. He descubierto que estos hábitos me hacen sentir con mayor vitalidad.

La receta de bienestar que aplica a todos no existe. Es responsabilidad de cada uno conocer su cuerpo para descubrir cuantas horas de sueño necesita y cuanta agua es suficiente. Algunos hacen dieta vegetariana, otros keto, y hay quien no se priva de ningún alimento, pero cuida el tamaño de las porciones y las horas entre comidas.

Unos ayunan doce horas, dieciséis y hasta veinte horas. Otros ayunan un día o dos a la semana. Hay quien hace ayunos de varios días en diferentes momentos del año. Unos corren, otros caminan. Algunos bailan, otros levantan pesas o hacen yoga. La actividad física es importante y hay que encontrar la que nos motiva a practicarla, para que se convierta en un hábito que nos acompañe por el resto de la vida.

Alimento mi mente con pensamientos sanos, que me ayuden a aprender de las experiencias vividas, a disfrutar lo bueno que está pasando y a esperar lo mejor de mañana. Procuro que la información que leo me ayude a crecer. Procuro tener conversaciones que me mantengan motivada. Procuro que las películas que veo y la música que escucho me alegren y me inspiren.

Compañeras de viaje, no piensen que lo he dominado. Tengo temporadas en que sigo mis principios al pie de la letra y otras en las que tengo que bajar la velocidad para regresar a ellos. El camino no es perfecto pero el esfuerzo sí es contínuo. "La mente sana en cuerpo sano" lo vale. Yo me lo merezco.

¿Qué pasos puedo comenzar a dar hoy para cuidarme?

_____

_____

_____

¿Qué actividades me inspiran?

¿Qué tres cosas puedes agradecerle a Dios?

Meditación # 16

Me conecto con Dios todos los días. A veces oro de rodillas en la mañana, o sentada con un café en el comedor. Otras veces hablo con Él mientras voy conduciendo y admirando el cielo. También siento que nos conectamos cuando escucho música y bailo para adorarle. Creo que le gusta la música y baila conmigo. Cuando dibujo y pinto como meditación, siento que limpia mi alma. Me parece que escucho su voz en mi corazón cuando leo la Biblia o un buen libro. Cada día es diferente, pero siempre es especial.

¿Qué actividad crees que puede ayúdarte a conectar con Dios?

_____
_____
_____
_____
_____

¿En qué momentos has sentido que Dios te habla?
_____
_____
_____
_____

¿Crees que hay alguna actividad que te guste que Dios quiera hacer contigo?
_____
_____
_____
_____
_____

Habla con Dios en tus palabras y queda de acuerdo con Él en tener una cita mañana al amanecer.
_____
_____
_____
_____
_____

Cuando llegues a la cita mañana, pregúntale a Dios que quiere hacer.
_____
_____

Meditación # 17

Cuido de mí porque quiero poder disfrutar cada momento con energía no importa la edad que tenga. Vivo con confianza porque sé que Dios me cuida y me ayuda. Confío en mí porque las experiencias vividas son lecciones aprendidas. Me mantengo conectada con Dios porque hace mi vida feliz.

El zumbador dorado es un ave pequeña de color verde que vive en los bosques de Puerto Rico. Se le llama zumbador dorado porque cuando los rayos del sol lo alumbran, en sus plumas se ven destellos dorados que lo hacen brillar. Eso es lo que siento que el amor de Dios hace en nuestras vidas. Cuando nos acercamos a Él, nos alumbra. Esa luz nos ayuda a conocer quiénes somos, y hace brillar nuestras buenas cualidades, para vivir vidas felices y ayudar a los que nos rodean.

Conéctate con Dios, cuida de ti mismo y vive con confianza.

"El Señor es mi

pastor, nada me falta".

Exprésale a Dios como te sientes hoy…
Señor, hoy me siento …

_____
_____
_____
_____
_____
_____

Señor, pienso que …

_____
_____
_____
_____
_____
_____

Señor, necesito …

_____
_____
_____
_____
_____
_____

Señor, se que tu eres …

_____
_____

Cultivando la mujer interior

_____
_____
_____

Señor, gracias por ...
_____
_____
_____
_____
_____

Estas frases se pueden utilizar como guía para crear o fortalecer el hábito de la oración diaria. Puedes completar las fraes en un diario para quereflexiones con calma y para que observes el progreso de tu relación con el Creador, a medida que creces en la práctica de la oración.

Epílogo

Después de esta lectura he descubierto que hay áreas de mi interior que debo seguir cultivando y puede ser abrumador intentar crecer en muchas de ellas al mismo tiempo. Me voy a enfocar en tres de ellas. La primera es el **cuidado de mi salud**. Mi cuerpo es la casa en la que voy a vivir el resto de mi vida. En la medida que yo la cuide, ésta cuidará de mí.

Las experiencias que viví en mi juventud marcaron mi interior, pero no definen quien soy. Puedo compartir lo que viví desde el amor y no desde el rencor o la pena. Tengo presente que en mi vida adulta he vivido otras experiencias que también han marcado mi interior y debo procesarlas para que sanen. Lo que pasó ayer lo dejo ir, lo que me está pasando hoy debo vivirlo sanamente para que no me contamine las experiencias de mañana. La segunda es el **amor**, que se abona con el perdón.

Jesús y Pablo mencionaron en la Biblia que lo más importante es el amor. Sé que Dios me ama y quiere acompañarme en todas las etapas de mi vida. Cada día que Dios me permita abrir

> *Las experiencias que viví en mi juventud marcaron mi interior, pero no definen quien soy.*

los ojos, agarraré su amor y me llenaré hasta que desborde. Ese amor es el que me permitirá vivir en armonía con los que me rodean y amarlos con sanidad.

La tercera es la **confianza**. Los cambios que deseo ver en mi vida están a la distancia de un paso, sí un paso, pero un paso en una dirección diferente. Eso me toca a mí. Voy a vivir mi vida procurando dar pasos de crecimiento todos los días. Muchos o pocos, rápidos o lentos, no importa. Lo que importa es que continúe caminando con confianza de la mano de Dios.

"El Señor es mi Pastor y nada me faltará…" (Salmo 23)

Acerca de mí

Soy Bárbara De la Cruz, una hija amada de Dios. Llevo casada veintiocho años y tengo tres hijos y siete nietos. Tengo varios súper poderes. Entre ellos está escuchar, guardar secretos y aprender.

Desde mis doce años sirvo como maestra en mi comunidad de fe y trabajé como docente por veinte años, impartiendo diferentes materias y niveles académicos.

Actualmente, trabajo como instructora de aplicaciones tecnológicas. Poseo un bachillerato en Ciencias de Cómputos. Estoy certificada como Coach de Bienestar.

Soy escritora y tallerista. ¡Me apasiona la adoración! Me encanta cantarle a Dios y especialmente danzar. Disfruto también tener tiempos de meditación y oración incorporando el dibujo y la pintura. Siento que el arte me acerca a Dios.

Espero que a través de la lectura de esta guía puedas encontrar esa actividad que te acerca a Dios, para que puedas convertirla en un hábito que te mantenga conectada con Dios siempre.

Había una casa en Betania que Jesús frecuentaba. En ella habitaban tres hermanos a los que Jesús amaba.

¿Qué tenía esa casa y que cualidades había hallado Jesús en aquella familia que amaba y visitaba? Si Jesús caminara por la tierra en la actualidad... ¿visitaría mi casa? Esta y muchas otras preguntas fueron las que me llevaron a emprender este viaje hermoso, edificante y transformador hacia una casa en Betania.

Una visita a la casa de Betania es una experiencia transformadora y relajante.

¡Entremos juntos a la casa de Betania! Conozcamos a cada uno de los hermanos, pero en esta primera visita enfoquémonos en Marta.

¡Bienvenidos al primer episodio de la serie: La casa de Betania y conozcamos a una mujer llamada Marta!

2024

Encontrarás en éstas páginas varios personajes bíblicos que su nombre no es conocido, pero si quedó registrada en las páginas de la Biblia su participación en temporadas que cambiaron personas e incluso naciones. Simplemente estuvieron dispuestos a ser la persona indicada, en el lugar indicado y en el momento oportuno De Dios. En la calle, trabajo, iglesia, o conversando con tu familia te puedes convertir en esa persona ideal para hacer lo justo y necesario. No te pierdas esa oportunidad de vida. Protagonistas, pero sin protagonismos. Sé parte de esta aventura de conocer como nos podemos identificar con algunos héroes o protagonistas bíblicos que nos enseñan a través de sus historias a no retroceder y valorar lo que tenemos.

2023

Dios le ha permitido a la pastora Nery Rosa plasmar en tinta, letras y papel un tesoro de sabiduría que ahora comparte con sus lectores. Las páginas que estás a punto de leer, tienen capacidad terapéutica, renovadora y forjarán un carácter firme en aquellos que activemos las verdades bíblicas que este devocional contiene. Las llaves que abren las puertas de los cielos, aquellas que Jesús nos delegó están contenidas en las letras, verbos y adjetivos que han sido plasmados en este maravilloso libro.

2022
Un viaje a través de la vida de una mujer humilde que se enfrentó a un enemigo poderoso para llevar a su hijo a la libertad: Jocabed, la madre de Moisés.

Información de contacto

Para contactar a la autora Bárbara de la Cruz para conferencias, testimonio, entrevistas o conseguir ejemplares del libro, puede comunicarse directamente al teléfono:

(787) 349-9170

Contacto: @zumbadora23 en Instagram

gozoyreposo@gmail.com

Información de Creaciones Reflejos

Para contactar a Creaciones Reflejos para servicios y/o orientación:

Made in the USA
Middletown, DE
15 October 2024

62622867R00073